W9-CGX-419

LAS MATEMÁTICAS EN NUESTRO MUNDO

VAMOS A PLANEAR UNA FIESTA CON

MATEMÁTICAS

Por Joan Freese

Fotografías de Gregg Andersen

Consultora de lectura: Susan Nations, M.Ed.,
autora/consultora de alfabetización/consultora de desarrollo de la lectura
Consultora de matemáticas: Rhea Stewart, M.A.,
especialista en recursos curriculares de matemáticas

WEEKLY READER®
PUBLISHING

Please visit our web site at www.garethstevens.com
For a free color catalog describing our list of high-quality books,
call 1-800-542-2595 (USA) or 1-800-387-3178 (Canada). Our fax: 1-877-542-2596

Library of Congress Cataloging-in-Publication Data available upon request from publisher.

ISBN-13: 978-0-8368-9021-1 (lib. bdg.)
ISBN-10: 0-8368-9021-3 (lib. bdg.)
ISBN-13: 978-0-8368-9030-3 (softcover)
ISBN-10: 0-8368-9030-2 (softcover)

This edition first published in 2008 by
Weekly Reader® Books
An Imprint of Gareth Stevens Publishing
1 Reader's Digest Road
Pleasantville, NY 10570-7000 USA

Copyright © 2008 by Gareth Stevens, Inc.

Senior Editor: Brian Fitzgerald
Creative Director: Lisa Donovan
Graphic Designer: Alexandria Davis

Spanish edition produced by A+ Media, Inc.
Editorial Director: Julio Abreu
Chief Translator: Luis Albores
Production Designer: Phillip Gill

Photo credits: cover & title page Jupiter Images; all other photographs by Gregg Andersen

All rights reserved. No part of this book may be reproduced, stored in a retrieval system, or
transmitted in any form or by any means, electronic, mechanical, photocopying, recording,
or otherwise, without the prior written permission of the copyright holder.

Printed in the United States of America

1 2 3 4 5 6 7 8 9 10 09 08 07

CONTENIDO

Las palabras que aparecen en el glosario están impresas en **negritas** la primera vez que se usan en el texto.

Capítulo 1:
El plan para una fiesta

La clase del señor Kent va a tener una fiesta. Ellos celebrarán el día de clases número 100. ¡Todos ayudarán a planear! La clase decidirá qué hacer en la fiesta. También decidirán qué alimentos comer.

Los niños traerán cosas para la fiesta.
Los equipos pueden usar matemáticas
para ayudarse a planear. Si planean bien,
traerán sólo la cantidad correcta de cosas.

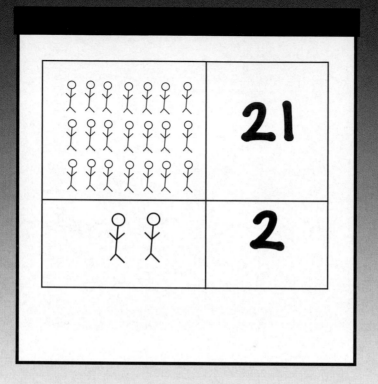

¿Cuántas personas estarán en la fiesta?
Hay 21 niños. Habrá 2 adultos. El señor
Kent estará en la fiesta. También habrá una
invitada especial.

La clase escribe un **enunciado numérico**. **Suman**.

21 + 2 = 23

La **suma** es el número de personas que estarán en la fiesta.

Habrá 23 personas en total. La clase necesita traer suficiente comida para 23 personas. También necesita traer suficientes bebidas para todos.

Capítulo 2

Hora de ponerse a trabajar

El Equipo Uno traerá panecillos. Cindy traerá 12 panecillos. Molly también traerá algunos. Traerá 14 panecillos. ¿Cuántos panecillos traerán en total?

Suman para encontrar la respuesta.

12 + 14 = 26

Tendrán 26 panecillos en la fiesta. ¿Qué tipo de panecillos deben traer?

A Cindy le gustan los panecillos de avena. A Molly le gustan los panecillos de moras azules.

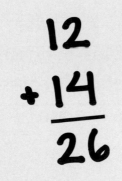

El Equipo Dos traerá cajas de jugo. Chase tiene un paquete que tenía 36 cajas. El paquete está abierto ahora. Su familia bebió 11 cajas. ¡Ellos tenían sed! ¿Cuántas cajas quedan?

El Equipo Dos **resta** para conseguir la respuesta.

36 − 11 = 25

Quedan 25 cajas de jugo. Debe ser suficiente jugo. El paquete tiene muchos tipos de jugos. Todos encontrarán el jugo que les gusta tomar.

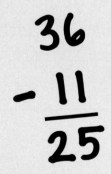

$$\begin{array}{r} 36 \\ -\ 11 \\ \hline 25 \end{array}$$

Capítulo 3:
Más trabajo que hacer

El Equipo Tres traerá globos. Jordan tiene 24 globos azules. Seth tiene 17 globos anaranjados. Los globos de Jordan sobraron de un día de campo. Su papá los guardó en una caja. Ahora Jordan puede usarlos para la fiesta.

¿Cuántos globos tienen en total? Suman.

24 + 17 = 41

Tendrán 41 globos. La mamá de Seth les ayudará a inflar los globos. Su mamá los traerá a la fiesta. Pero no puede quedarse en la fiesta. Tiene que ir a trabajar.

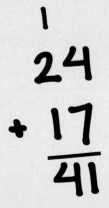

$$\begin{array}{r} 1 \\ 24 \\ +\ 17 \\ \hline 41 \end{array}$$

Los niños van a ensartar cuentas en la fiesta. Su maestro de arte tiene cuerda que pueden usar. El Equipo Cuatro tiene 9 paquetes de cuentas largas. Tiene 21 paquetes de cuentas redondas. ¿Cuántos paquetes más de cuentas redondas tienen que de cuentas largas?

Restan para encontrar la respuesta.

$21 - 9 = 12$

Hay 12 paquetes más de cuentas redondas que de cuentas largas. La clase tiene suficientes cuentas en total para usar en la fiesta.

$$\begin{array}{r} \overset{\scriptstyle 1\ 11}{2\!\!\!/1} \\ -\ 9 \\ \hline 12 \end{array}$$

El señor Kent tiene una pregunta. Hay cinco equipos. Cuatro equipos han hecho algo para la fiesta de la clase. ¿Cuántos equipos no han hecho nada todavía?

¡Eso es fácil! Los niños hacen el cálculo
matemático en su cabeza. Cuatro equipos han
hecho algo. Un equipo no ha hecho nada todavía.
¡Ese equipo está listo para trabajar ahora!

El Equipo Cinco está entusiasmado. Escuchan al
señor Kent. ¿Cuál es su trabajo? Él les dice que es
un trabajo importante. También es divertido.

Ayudarán a servir jugo y panecillos.
¡Adelante, Equipo Cinco! ¡Todos tienen
hambre! La clase come panecillos. Toman
jugo. Algunos niños hablan de sus cuentas.
Ellos le muestran a la señora Brown lo que
hicieron.

Es hora de limpiar. Los niños tiran la basura.
Ellos limpian las mesas. ¡Buen trabajo!

Los niños se divirtieron ensartando cuentas. Les gustaron sus refrigerios y su jugo. Todos pasaron un rato muy bueno. ¡La clase está deseosa de usar matemáticas para planear otra fiesta!

Glosario

enunciado numérico: 21 + 2 = 23 es un enunciado numérico. 36 − 11 = 25 también es un enunciado numérico.

restar: quitar un número de otro

suma: el número total que obtienes al sumar números

sumar: unir dos o más grupos

Nota acerca de la autora

Joan Freese ha escrito extensivamente para niños sobre temas de no ficción, desde el baile hip-hop a proyectos prácticos en ciencias. Vive con su familia en Minneapolis, Minnesota.